초등 저학년
한자

KB121658

초등 저학년 한자

박두수 지음

송진섭·이병호·강혜정 선생님 추천

중앙에듀북스

안녕하세요? 박두수입니다.

❗ 한자는 왜 공부해야만 할까요?

- 한자는 세계 인구의 26%가 사용하는 동양권의 대표문자입니다.
- 우리말의 70% 이상을 차지하고 있는 것이 한자어입니다.

❗ 한자를 잘하면 왜 공부를 잘하게 될까요?

- 한자는 풍부한 언어 문자 생활과 다른 과목의 학습을 도와주는 역할을 합니다.
- 중학교 1학년 기본 10개 교과목에 2,122자의 한자와 약 14만 번의 한자어가 나옵니다.
- 한자 표기를 통한 학습을 통해서 43%가 학업 성적이 향상되었습니다.

❗ 쓰기 및 암기 위주의 한자 학습, 이제 바뀌어야 합니다.

한자는 만들어진 원리를 생각하며 학습하면 쉽게 익힐 수 있습니다.

예	休(쉴 휴) = 亻(사람 인) + 木(나무 목) 사람(亻)이 햇빛을 피해서 나무(木)에 기대어 쉰다는 뜻입니다.

"선생님! 해도 해도 안 돼요. 한자가 너무 어려워요."

이렇게 말하면서 울먹이던 어린 여학생의 안타까운 눈망울을 바라보며 '어떻게 하면 한자를 쉽게 익힐 수 있을까?' 오랜 시간 기도하며 연구하였습니다.

부디 《초등 학습 한자》가 한자와 친해지는 계기가 되고, 여러분의 한자 공부에 많은 도움이 되기를 진심으로 기도합니다.

오랫동안 한자를 가르쳐 주신 아버지 박영 훈장님과 주야로 기도해 주신 어머니 송숙희 권사님, 그리고 《초등 학습 한자》가 출간될 수 있도록 도움을 주신 모든 분들께 진심으로 사랑과 감사의 뜻을 전합니다.

박두수 올림

부수도 모르고 한자를 공부한다구요?

1. 처음 한글을 어떻게 배우는지 생각해 보세요.

한글은 먼저 자음과 모음을 배우고 자음과 모음을 결합해서 글자를 배웁니다. 한글은 자음과 모음이 기본입니다.

2. 또 영어는 처음에 무엇부터 배우는지 생각해 보세요.

영어는 먼저 알파벳을 배우고 알파벳을 결합해서 단어를 배웁니다. 영어는 알파벳이 기본입니다.

3. 그런데 한자는 부수도 모르고 배운다구요?

한자는 부수가 기본입니다. 한자는 부수를 결합하여 만든 글자입니다.

4. 다음의 한자를 익혀 보세요.

間(사이 간), 問(물을 문), 聞(들을 문), 閉(닫을 폐), 開(열 개), 閑(한가할 한), 閣(집 각), 關(빗장 관)
어때요? 잘 외워지지도 않고 또 외웠다 하더라도 모양이 비슷해서 많이 헷갈리지요? 그래서 한자는 무조건 외우는 것이 아닙니다.

5. 그럼 한자는 어떻게 공부해야 할까요?

한자는 무조건 쓰면서 외우는 것이 아닙니다. 한자는 만들어진 원리가 있습니다. 한자는 부수를 결합해서 만든 글자입니다. 그러니 한글의 자음과 모음처럼, 또 영어의 알파벳처럼 한자는 부수부터 공부해야 합니다.

6. 이제는 부수를 이용해서 이렇게 공부해 볼까요?

間(사이 간) = 門(문 문) + 日(해 일)　　　문(門) 사이로 햇빛(日)이 들어오니

問(물을 문) = 門(문 문) + 口(입 구)　　　문(門)에 대고 입(口) 벌려 물으니

聞(들을 문) = 門(문 문) + 耳(귀 이)　　　문(門)에 귀(耳)를 대고 들으니

閉(닫을 폐) = 門(문 문) + 才(재주 재)　　고장 난 문(門)을 재주껏(才) 닫으니

1. 기존 214자의 부수를 160자로 새로 정리하였습니다.

모양이 비슷한 부수는 통합하고, 잘 쓰이지 않는 부수는 제외하였습니다.

2. 부수의 뜻과 음을 새로 정리하였습니다.

● 一은 그동안 **하나**라는 뜻으로만 알고 있었습니다. 그러나 이 책에서는 一(한 일, 하늘 일, 땅 일)이라는 뜻으로 새로 정리하였습니다.

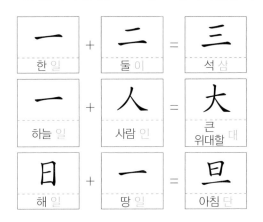

하나(一) 더하기 둘(二)은? 셋

하늘(一)과 통하는 **사람**(人)은 지위가 크고 위대하다는 뜻입니다.

해(日)가 땅(一) 위로 떠오를 때는 아침이니

● 二도 그동안 **둘**이라는 뜻으로만 알고 있었습니다. 그러나 이 책에서는 二(둘 이, 하늘땅 이)라 는 뜻으로 새로 정리하였습니다.

하늘땅(二)의 많은 생물 중에서 걷는 **사람**(儿)이 으뜸이니

3. 새로운 모양의 부수를 발견하여 정리하였습니다.

이 책에서는 그동안 우리가 몰랐던 부수를 새로 발견하여 정리하였습니다.

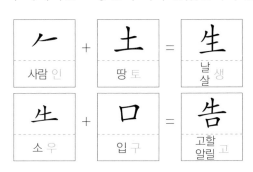

사람(𠂉)은 땅(土)에서 태어나 살아간다는 뜻입니다.

신에게 소(牜)를 제물로 바치고 입(口)으로 소원을 고하여 알린다는 뜻입니다.

초등 학습 한자를 왜 출간하게 되었는가?

1. 우리나라 초등학생들의 국어 어휘실력이 부족하여 원활한 의사소통은 물론 교과서에 나오는 단어의 뜻조차도 잘 모른다고 합니다. 우리말의 70% 이상이 한자어이며, 중학교 1학년 교과서에 약 14만 번의 한자어가 나오고, 한자 표기를 통한 학습을 통해서 43%가 학업 성적이 향상된 결과로 보아 한자는 꼭 배워야 합니다.

2. 한자는 무려 10만자가 넘는다고 합니다. 이 중에서 초등학생이 몇 글자를 배우고 또 어떤 글자를 배워야 하는지 기준이 없습니다. 그리고 2019년부터 초등학교 5, 6학년 교과서에 한자 병기를 합니다.

3. 현재 초등학생이 꼭 알아야 할 한자와 또 초등학생의 눈높이에 알맞은 한자교재가 없습니다.

4. 그래서 한자를 담당하는 선생님은 성인용 한자 교재를 선정하거나 여러 교재를 조합하여 한자를 가르치고 있는 것이 현실입니다.

초등 학습 한자의 특징	❶ 초등학교 전 학년의 모든 교과서를 분석하고, 또 일상생활에서 자주 사용하는 한자어를 선별하여 초등학생이 꼭 알아야 할 한자를 선정하였습니다.
	❷ 한자를 쉽고 재미있게 익히기 위하여 새로운 뜻과 새로운 모양의 부수 160자를 정리하였습니다.
	❸ 한자를 외우지 않고 이해할 수 있도록 부수를 이용해서 이야기 식으로 풀어서 설명하였습니다.
	❹ 기존의 복잡하고 어려운 한자를 쓰는 순서와 달리 이해하기 쉽고, 쓰기 편하게 필순을 바꿨습니다.
	❺ 초등학생의 눈높이에 맞추어서 한자를 쉽게 풀이했습니다.
	❻ 중학생이 되기 전 또는 중학생이라면 기본적으로 꼭 알아야 할 한자어를 포함하고 있습니다.

신습한자

읽기? 뜻, 음을 가리고 읽어본 후 틀린 글자는 V표 하세요.
한자를 가리고 써본 후 틀린 글자는 V표 하세요. 쓰기?

읽기 1	읽기 2	한자	부수	뜻	음	쓰기 1	쓰기 2	읽기 1	읽기 2	한자	부수	뜻	음	쓰기 1	쓰기 2
		一	一	한	일					工	工	만들	공		
		七	一	일곱	칠					江	氵	강	강		
		下	一	아래	하					入	入	들	입		
		上	一	윗	상					內	入	안	내		
		中	丨	가운데	중					土	土	흙	토		
		大	大	큰	대					八	八	여덟	팔		
		太	大	클	태					六	八	여섯	륙		
		天	大	하늘	천					市	巾	시장	시		
		夫	大	사내	부					文	文	글월	문		
		手	手	손	수					父	父	아비	부		
		二	二	둘	이					交	亠	사귈	교		
		三	一	석	삼					校	木	학교	교		
		五	二	다섯	오					止	止	그칠	지		
		四	囗	넉	사					正	止	바를	정		
		西	襾	서녘	서					生	生	날	생		

읽기? 뜻, 음을 가리고 읽어본 후 틀린 글자는 V표 하세요.
한자를 가리고 써본 후 틀린 글자는 V표 하세요. **쓰기?**

읽기 1	2	한자	부수	뜻	음	쓰기 1	2
		九	乙	아홉	구		
		力	力	힘	력		
		男	田	사내	남		
		勇	力	날랠	용		
		山	山	산	산		
		十	十	열	십		
		千	十	일천	천		
		里	里	마을	리		
		重	里	무거울	중		
		動	力	움직일	동		
		日	日	날	일		
		月	月	달	월		
		用	用	쓸	용		
		明	日	밝을	명		
		火	火	불	화		

읽기 1	2	한자	부수	뜻	음	쓰기 1	2
		水	水	물	수		
		木	木	나무	목		
		林	木	수풀	림		
		來	人	올	래		
		東	木	동녘	동		
		寸	寸	마디	촌		
		村	木	마을	촌		
		永	水	길	영		
		氷	水	얼음	빙		
		夕	夕	저녁	석		
		名	口	이름	명		
		多	夕	많을	다		
		外	夕	바깥	외		
		朴	木	성	박		
		金	金	쇠	금		

읽기? 뜻, 음을 가리고 읽어본 후 틀린 글자는 V표 하세요.
한자를 가리고 써본 후 틀린 글자는 V표 하세요. **쓰기?**

읽기 1 2	한자	부수	뜻	음	쓰기 1 2
	小	小	작을	소	
	少	小	적을	소	
	省	目	살필	성	
	女	女	여자	녀	
	子	子	아들	자	
	安	宀	편안할	안	
	字	子	글자	자	
	家	宀	집	가	
	室	宀	방	실	
	年	干	해	년	
	白	白	흰	백	
	百	白	일백	백	
	自	自	스스로	자	
	面	面	얼굴	면	
	出	凵	날	출	

읽기 1 2	한자	부수	뜻	음	쓰기 1 2
	目	目	눈	목	
	見	見	볼	견	
	先	儿	먼저	선	
	兄	儿	형	형	
	萬	艹	많을	만	
	心	心	마음	심	
	必	心	반드시	필	
	老	老	늙을	로	
	孝	子	효도	효	
	敎	攵	가르칠	교	
	門	門	문	문	
	開	門	열	개	
	問	口	물을	문	
	聞	耳	들을	문	
	間	門	사이	간	

신습한자

읽기? 뜻, 음을 가리고 읽어본 후 틀린 글자는 V표 하세요.
한자를 가리고 써본 후 틀린 글자는 V표 하세요. 쓰기?

읽기		한자	부수	뜻	음	쓰기	
1	2					1	2
		母	毋	어미	모		
		每	毋	매양	매		
		海	氵	바다	해		
		南	十	남녘	남		
		北	匕	북녘	북		

읽기		한자	부수	뜻	음	쓰기	
1	2					1	2
		休	亻	쉴	휴		
		信	亻	믿을	신		
		弟	弓	아우	제		
		第	竹	차례	제		
		學	子	배울	학		

1

한
하늘   일
땅

막대기 하나를 옆으로 놓은 모양
하늘과 **땅**이 맞닿은 지평선의 모양을 본떠서 만든 글자로
하늘과 땅의 뜻도 나타냅니다.

一						

- 一方(일방) : 어느 한쪽
- 一行(일행) : 함께 길을 가는 사람들의 무리

2

일곱 칠

一 + し
하늘 일   새 을

하늘(一)을 나는 새(し) 일곱 마리

七						

- 七月(칠월) : 7월
- 七八(칠팔) : 일곱이나 여덟

③

一 + 卜

하늘 일 + 점칠 복

아래
내릴   하

하늘(一) 아래서 일어날 일을 점치려고(卜) 내려오니

下

下					

- 下水(하수) : 쓰고 버리는 더러운 물
- 下山(하산) : 산에서 내려감

④

卜 + 一

점칠 복 + 땅 일

윗
오를   상

점치려고(卜) 땅(一) 위로 오르니

上

上					

- 山上(산상) : 산 위
- 上行(상행) : 위쪽으로 올라감

5

口	+	｜
울타리 위		뚫을 곤

가운데
적중할   중

울타리(口) 가운데를 **뚫고**(｜) 적중하니

中					

- 中心(중심) : 한가운데
- 中立(중립) : 어느 편에도 치우치지 아니하고 중간에 섬

알림마당

알맞게 연결하세요.

낙서판

一 ·

七 ·

下 ·

上 ·

中 ·

· 한 일

· 윗 상

· 일곱 칠

· 가운데 중

· 아래 하

6 大

큰
위대할 **대**

一 하늘 일 + 人 사람 인

하늘(一)과 통하는 **사람**(人)은 지위가 크고 위대하니

*하늘의 뜻을 받들고 제사 드리는 사람 즉 제사장은 지위가 높고 위대하다는 뜻 입니다.

大					

- 大人(대인) : 큰 사람
- 大小(대소) : 크고 작음

7 太

클 **태**

大 큰 대 + 丶 점 주

큰 대(大)에 **점**(丶)을 찍어 강조하여 더욱 크다는 뜻

太					

- 太子(태자) : 임금의 아들
- 太上(태상) : 가장 뛰어난 것

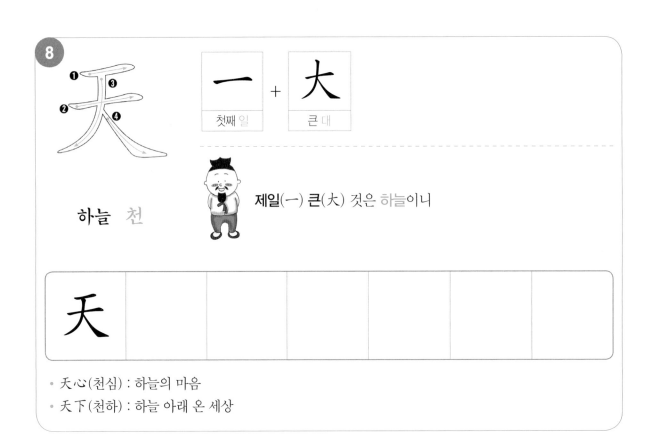

8

天

하늘 천

一 첫째 일 + 大 큰 대

제일(一) 큰(大) 것은 하늘이니

天

- 天心(천심) : 하늘의 마음
- 天下(천하) : 하늘 아래 온 세상

9

夫

사내 남편 부

一 한 일 + 大 큰 대

한(一) 가정을 거느릴 정도로 큰(大) 사내나 남편이니

*夫(사내 부)는 상투가 있고, 天(하늘 천)은 없습니다.

夫

- 人夫(인부) : 품삯을 받고 일하는 사람
- 工夫(공부) : 학문이나 기술을 배우고 익힘

10

손
사람 수

ノ + 二 + 亅

끈별   둘이   갈고리 궐

끈(ノ) 두(二) 개와 갈고리(亅)를 쥐고 있는 손

手					

- 手中(수중) : 손 안
- 入手(입수) : 손에 들어옴

알림마당

알맞게 연결하세요.

大 ·

太 ·

天 ·

夫 ·

手 ·

· 큰 대

· 사내 부

· 클 태

· 손 수

· 하늘 천

낙서판

一
(   )

막대기 하나를 옆으로 놓은 모양

七
(   )

하늘(   )을 나는 새(   ) 일곱 마리

下
(   )

하늘(   ) 아래서 일어날 일을 점치려고(   ) 내려오니

上
(   )

점치려고(   ) 땅(   ) 위로 오르니

中
(   )

울타리(   ) 가운데를 뚫고(   ) 적중하니

大
(   )

하늘(   )과 통하는 사람(   )은 지위가 크고 위대하니

太
(   )

큰 대(   )에 점(   )을 찍어 강조하여 더욱 크다는 뜻

天
(   )

제일(   ) 큰(   ) 것은 하늘이니

夫
(   )

한(   ) 가정을 거느릴 정도로 큰(   ) 사내나 남편이니

手
(   )

끈(   ) 두(   ) 개와 갈고리(   )를 쥐고 있는 손

♣ 숫자 순서대로 부수를 결합하여 한자를 만들고 옆에 뜻과 음을 쓰세요.

①一 ②ㄴ ③ㅏ ④ㅁ ⑤ㅣ

1. ① =

2. ① + ② =

3. ① + ③ =

4. ③ + ① =

5. ④ + ⑤ =

①一 ②人 ③大 ④丶 ⑤天 ⑥丿 ⑦二 ⑧亅

6. ① + ② =

7. ③ + ④ =

8. ⑤ =

9. ① + ③(상투가 있는 글자) =

10. ⑥ + ⑦ + ⑧ =

一 方	一 行	七 月
七 八	下 水	下 山
山 上	上 行	中 心
中 立	大 人	大 小
太 子	太 上	天 心
天 下	人 夫	工 夫
手 中	入 手	

♣ 다음 한자어를 한자로 쓰세요.

한 일 사방 방	한 일 다닐 행	일곱 칠 달 월

일곱 칠 여덟 팔	아래 하 물 수	내릴 하 산 산

산 산 윗 상	오를 상 다닐 행	가운데 중 마음 심

가운데 중 설 립	큰 대 사람 인	큰 대 작을 소

클 태 아들 자	클 태 윗 상	하늘 천 마음 심

하늘 천 아래 하	사람 인 사내 부	만들 공 사내 부

손 수 가운데 중	들 입 손 수	

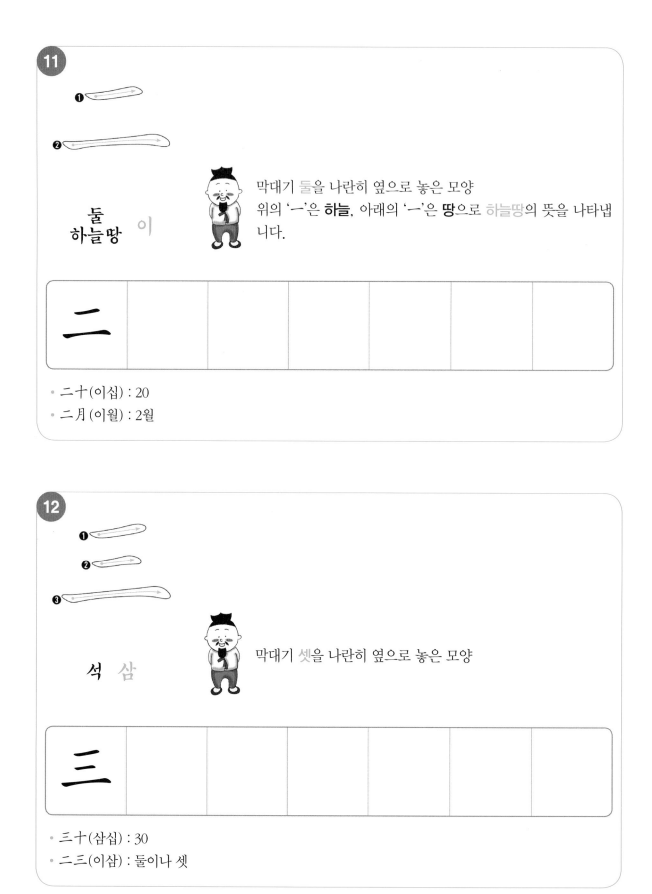

11

❶ ⟶
❷ ⟶

둘
하늘땅   이

막대기 둘을 나란히 옆으로 놓은 모양
위의 '一'은 **하늘**, 아래의 '一'은 **땅**으로 하늘땅의 뜻을 나타냅
니다.

二						

- 二十(이십) : 20
- 二月(이월) : 2월

12

❶ ⟶
❷ ⟶
❸ ⟶

석   삼

막대기 셋을 나란히 옆으로 놓은 모양

三						

- 三十(삼십) : 30
- 二三(이삼) : 둘이나 셋

22

13

二 + 力
하늘땅 이 　 힘 력

다섯 오

하늘땅(二)의 힘(力)은 **다섯**이니
*하늘땅(우주)의 힘(기운)은 나무(木), 불(火), 흙(土), 쇠(金), 물(水) 다섯 가지를 말합니다.

五					

- 五日(오일) : 5일
- 五目(오목) : 바둑 놀이의 하나

14

口 + 儿
울타리 위 　 걷는 사람 인

넉 사

울타리(口) 안을 **걸어(儿)** 다니며 동서남북 네 곳을 살피니
*울타리 안을 걸어 다니며 이상이 있는지 살핀다는 뜻입니다.

四					

- 四足(사족) : 짐승의 네 발
- 四方(사방) : 동, 서, 남, 북 네 방위

15

西

서녘 서

一 + 口 + 儿
한 일   울타리 위   걷는 사람 인

하나(一)같이 **울타리**(口)로 다시 **걸어**(儿)오는 때는 해가 **서쪽**으로 질 때니

*보통 해가 뜨면 밖으로 나갔다가 해가 지면 들어오지요?

西						

- 西門(서문) : 서쪽으로 난 문
- 西山(서산) : 서쪽에 있는 산

알림
마당

알맞게 연결하세요.

낙서판

二 ·

三 ·

五 ·

四 ·

西 ·

· 석 삼

· 다섯 오

· 둘 이

· 서녘 서

· 넉 사

24

16

工

一	+	亠
한 일		머리 두

만들
장인 공

하나(一)같이 머리(亠)로 생각해 보고 물건을 만드는 장인
*장인 : 물건 만드는 사람

工						

- 人工(인공) : 사람이 하는 일
- 女工(여공) : 공장에서 일하는 여자

17

江

氵	+	工
물 수		만들 공

강 강

물(氵)이 모여서 만들어진(工) 강

江						

- 江山(강산) : 강과 산
- 江上(강상) : 강의 위

18

들 입

몸을 숙이고 **들어가는 모양**

入						

- 入門(입문) : 문에 들어감
- 入口(입구) : 들어가는 통로

19

안
아내 내

冂	+	入
성경		들입

성(冂)으로 **들어**(入)**가면 안**이니
*주로 남자는 밖에서 일하고, 여자는 안에서 일하니 아내라는 뜻도 있습니다.

內						

- 內衣(내의) : 속옷
- 內心(내심) : 속마음

20

十 + 一
많을 십   땅 일

많은(十) 싹이 땅(一)에 난 모양으로 만물을 자라게 하는 흙을 뜻함

땅 흙 토

土

• 土木(토목) : 흙과 나무
• 土人(토인) : 어떤 지방에 대대로 사는 사람

알림마당

알맞게 연결하세요.

낙서판

工 ·   · 들 입

江 ·   · 안 내

入 ·   · 강 강

內 ·   · 흙 토

土 ·   · 만들 공

♣ 한자 밑에 뜻과 음을 쓰고, 옆 (   )에는 알맞은 부수를 쓰세요.

二
(   )

막대기 둘을 나란히 옆으로 놓은 모양

三
(   )

막대기 셋을 나란히 옆으로 놓은 모양

五
(   )

하늘땅(   )의 힘(   )은 다섯이니

四
(   )

울타리(   ) 안을 걸어(   ) 다니며 동서남북 네 곳을 살피니

西
(   )

하나(   )같이 울타리(   )로 다시 걸어(   )오는 때는 해가 서쪽
으로 질 때니

工
(   )

하나(   )같이 머리(   )로 생각해 보고 물건을 만드는 장인

江
(   )

물(   )이 모여서 만들어진(   ) 강

入
(   )

몸을 숙이고 들어가는 모양

內
(   )

성(   )으로 들어(   )가면 안이니

土
(   )

많은(   ) 싹이 땅(   )에 난 모양으로 만물을 자라게 하는 흙을 뜻함

♣ 숫자 순서대로 부수를 결합하여 한자를 만들고 옆에 뜻과 음을 쓰세요.

① 二　② 三　③ 力　④ 口　⑤ 儿　⑥ 一

11. ① =

12. ② =

13. ① + ③ =

14. ④ + ⑤ =

15. ⑥ + ④ + ⑤ =

① 一　② 亠　③ 氵　④ 工　⑤ 入　⑥ 冂　⑦ 土

16. ① + ② =

17. ③ + ④ =

18. ⑤ =

19. ⑥ + ⑤ =

20. ⑦ =

二 十	二 月	三 十
二 三	五 日	五 目
四 足	四 方	西 門
西 山	人 工	女 工
江 山	江 上	入 門
入 口	內 衣	內 心
土 木	土 人	

♣ 다음 한자어를 한자로 쓰세요.

| 둘 이 | 열 십 | | 둘 이 | 달 월 | | 석 삼 | 열 십 |

| 둘 이 | 석 삼 | | 다섯 오 | 날 일 | | 다섯 오 | 눈 목 |

| 넉 사 | 발 족 | | 넉 사 | 사방 방 | | 서녘 서 | 문 문 |

| 서녘 서 | 산 산 | | 사람 인 | 만들 공 | | 여자 녀 | 만들 공 |

| 강 강 | 산 산 | | 강 강 | 윗 상 | | 들 입 | 문 문 |

| 들 입 | 입 구 | | 안 내 | 옷 의 | | 안 내 | 마음 심 |

| 흙 토 | 나무 목 | | 땅 토 | 사람 인 |

♣ 아래의 빈칸에 한자는 뜻과 음을, 뜻과 음은 한자를 쓰세요.

1~20번 형성평가

一	七	下	上	中
大	太	天	夫	手
三	五	四	西	工
入	內	土		

				한 일	일곱 칠
아래 하	윗 상	가운데 중	큰 대	클 태	하늘 천
사내 부	손 수	둘 이	석 삼	다섯 오	넉 사
서녘 서	만들 공	강 강	들 입	안 내	흙 토

21

여덟 팔

수염이 팔방으로 **나누어진** 모양

八						

- 八月(팔월) : 8월
- 八一五(팔일오) : 1945년 8월 15일

22

二 + 八

머리 두   나눌 팔

여섯 륙

머리(二)에 갓 쓰고 **나누어**(八) 서 있는 여섯

六						

- 五六(오륙) : 다섯이나 여섯
- 六二五(육이오) : 1950년 6월 25일

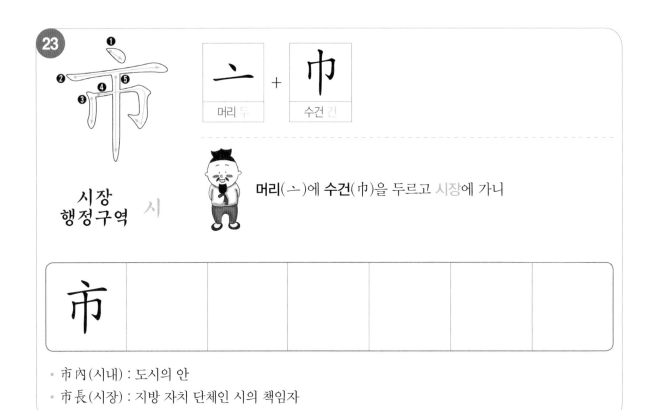

23

市
시장
행정구역 **시**

⼇ + 巾
머리 두   수건 건

머리(⼇)에 **수건**(巾)을 두르고 시장에 가니

市

- 市內(시내) : 도시의 안
- 市長(시장) : 지방 자치 단체인 시의 책임자

24

文
글월 **문**

⼇ + 丿 + ⺄
머리 두   삐침 별   파임 불

머리(⼇)로 생각하고 **삐치고**(丿) **파여**(⺄) 쓴 글

文

- 言文(언문) : 말과 글
- 文人(문인) : 학문에 종사하는 사람

25

八 수염 팔 + ノ 삐침 별 + ㇏ 파임 불

아비 부

수염(八)이 이리저리 **삐치고**(ノ) **파여**(㇏) 난 아버지

父					

- 父女(부녀) : 아버지와 딸
- 父子(부자) : 아버지와 아들

알림 마당

알맞게 연결하세요.

낙서판

八 •

六 •

市 •

文 •

父 •

• 시장 시

• 여덟 팔

• 글월 문

• 아비 부

• 여섯 륙

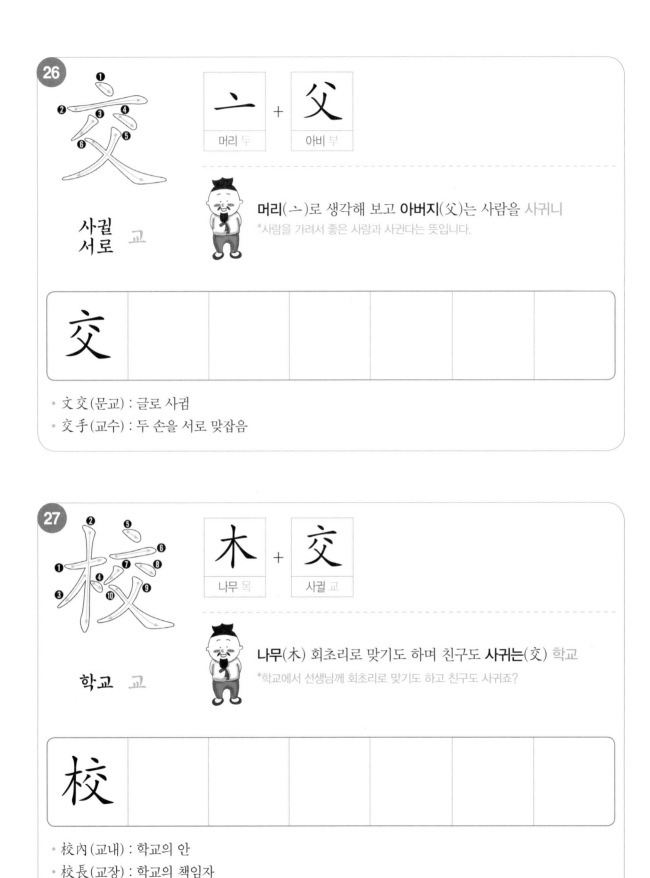

26 交

사귈
서로 교

二 + 父
머리 두 　 아비 부

머리(二)로 생각해 보고 **아버지**(父)는 사람을 **사귀니**
*사람을 가려서 좋은 사람과 사귄다는 뜻입니다.

交

• 文交(문교) : 글로 사귐
• 交手(교수) : 두 손을 서로 맞잡음

27 校

학교 교

木 + 交
나무 목 　 사귈 교

나무(木) 회초리로 맞기도 하며 친구도 **사귀는**(交) 학교
*학교에서 선생님께 회초리로 맞기도 하고 친구도 사귀죠?

校

• 校內(교내) : 학교의 안
• 校長(교장) : 학교의 책임자

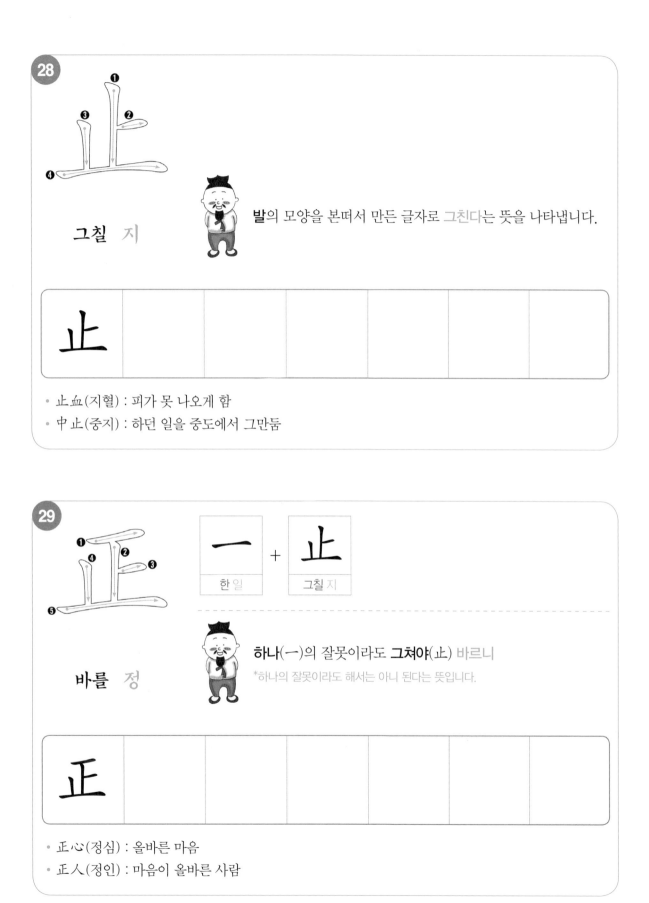

28

그칠 지

발의 모양을 본떠서 만든 글자로 그친다는 뜻을 나타냅니다.

止						

- 止血(지혈) : 피가 못 나오게 함
- 中止(중지) : 하던 일을 중도에서 그만둠

29

一 + 止
한일   그칠지

바를 정

하나(一)의 잘못이라도 **그쳐야**(止) 바르니
*하나의 잘못이라도 해서는 아니 된다는 뜻입니다.

正						

- 正心(정심) : 올바른 마음
- 正人(정인) : 마음이 올바른 사람

30 生

날
살 생

人 (사람 인) + 土 (땅 토)

사람(人)은 **땅(土)**에서 나 살아가니

生						

- 生日(생일) : 태어난 날
- 生水(생수) : 샘구멍에서 솟아 나오는 맑은 물

알림마당

알맞게 연결하세요.

交 ·

校 ·

止 ·

正 ·

生 ·

· 사귈 교

· 그칠 지

· 학교 교

· 날 생

· 바를 정

낙서판

♣ 한자 밑에 뜻과 음을 쓰고, 옆 (   )에는 알맞은 부수를 쓰세요.

八

(   )

수염이 팔방으로 **나누어진** 모양

六

(   )

머리(   )에 갓 쓰고 **나누어**(   ) 서 있는 여섯

市

(   )

머리(   )에 **수건**(   )을 두르고 시장에 가니

文

(   )

머리(   )로 생각하고 **삐치고**(   ) 파여(   ) 쓴 글

父

(   )

수염(   )이 이리저리 **삐치고**(   ) **파여**(   ) 난 아버지

交

(   )

머리(   )로 생각해 보고 **아버지**(   )는 사람을 사귀니

校

(   )

나무(   ) 회초리로 맞기도 하며 친구도 **사귀는**(   ) 학교

止

(   )

발의 모양을 본떠서 만든 글자로 그친다는 뜻을 나타냅니다.

正

(   )

하나(   )의 잘못이라도 **그쳐야**(   ) 바르니

生

(   )

사람(   )은 **땅**(   )에서 나 살아가니

39

① 八   ② 亠   ③ 巾   ④ ノ   ⑤ 乀

21. ① =

22. ② + ① =

23. ② + ③ =

24. ② + ④ + ⑤ =

25. ① + ④ + ⑤ =

① 亠   ② 父   ③ 木   ④ 交   ⑤ 止   ⑥ 一   ⑦ 乚   ⑧ 土

26. ① + ② =

27. ③ + ④ =

28. ⑤ =

29. ⑥ + ⑤ =

30. ⑦ + ⑧ =

♣ 다음 한자어의 독음을 쓰세요.

八 月	五 六	市 內
市 長	言 文	文 人
父 女	父 子	文 交
交 手	校 內	校 長
止 血	中 止	正 心
正 人	生 日	生 水

♣ 다음 한자어를 한자로 쓰세요.

─────────── ─────────── ───────────
여덟 팔   달 월   다섯 오   여섯 륙   행정구역 시   안 내

─────────── ─────────── ───────────
행정구역 시   어른 장   말씀 언   글월 문   글월 문   사람 인

─────────── ─────────── ───────────
아비 부   여자 녀   아비 부   아들 자   글월 문   사귈 교

─────────── ─────────── ───────────
서로 교   손 수   학교 교   안 내   학교 교   어른 장

─────────── ─────────── ───────────
그칠 지   피 혈   가운데 중   그칠 지   바를 정   마음 심

─────────── ─────────── ───────────
바를 정   사람 인   날 생   날 일   살 생   물 수

31

九

아홉 구

ノ + 乙
끈별   새을

끈(ノ)에 앉아 있는 **새**(乙) 아홉 마리

九						

- 九月(구월) : 9월
- 九九(구구) : 곱셈에 쓰는 구구법

32

力

힘 력

칼(刀)을 들고 **힘**쓸 때 근육이 불거진 모양

力						

- 人力(인력) : 사람의 힘
- 自力(자력) : 자기 스스로의 힘

33 男

사내 남

田 + 力
밭 전　　힘 력

밭(田)에서 힘(力)써 일하는 사내

男						

• 男女(남녀) : 남자와 여자
• 男子(남자) : 남성으로 태어난 사람

34 勇

날랠
용감할 용

マ + 男
창 모　　사내 남

창(マ)을 든 사내(男)가 날래고 용감하니

勇						

• 勇力(용력) : 씩씩한 힘
• 勇士(용사) : 용맹스러운 사람

35

산 산

산봉우리가 뾰족하게 솟은 산의 모양

山						

- 高山(고산) : 높은 산
- 入山(입산) : 산에 들어감

알림 마당

알맞게 연결하세요.

낙서판

九 ·

力 ·

男 ·

勇 ·

山 ·

· 아홉 구

· 날랠 용

· 사내 남

· 힘 력

· 산 산

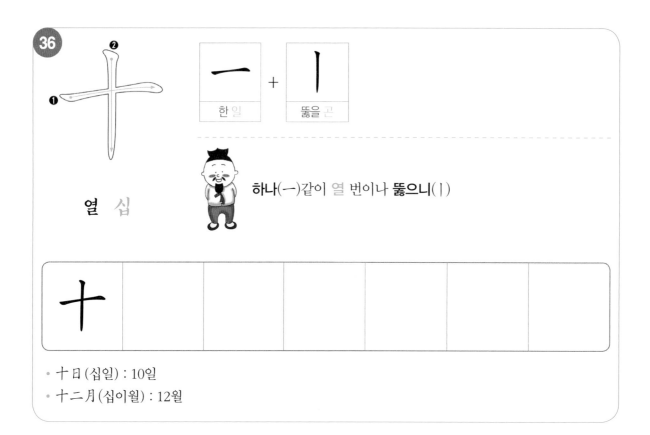

36 열 십

一 + ㅣ
한일 + 뚫을곤

하나(一)같이 열 번이나 **뚫으니**(ㅣ)

十

• 十日(십일) : 10일
• 十二月(십이월) : 12월

37 일천 천

ノ + 十
끈별 + 열십

끈(ノ)으로 **열**(十) 개씩 묶어 놓은 천 개

千

• 三千(삼천) : 3,000
• 千里(천리) : 400km

38

里

마을
거리 리

日 + 土
해 일 + 땅 토

해(日)가 잘 비치고 **땅**(土)이 좋은 마을
*농사짓기에 해가 잘 비치고 땅이 좋아야 사람들이 모여서 마을을 이루죠?

里						

- 里長(이장) : 행정 구역의 단위인 리의 사무를 맡아보는 사람
- 十里(십리) : 4km

39

重

무거울
중요할 중

千 + 里
일천 천 + 마을 리

천(千) 개의 **마을**(里)은 무겁고 중요하니

重						

- 重力(중력) : 물체가 지구의 중심으로부터 받는 힘
- 重大(중대) : 중요하고 큼

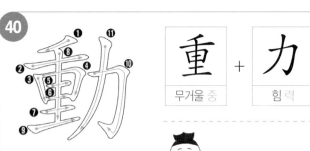

重 + 力
무거울 중 / 힘 력

움직일 **동**

 무거운(重) 것을 힘(力)써 움직이니

動					

- 動力(동력) : 움직이는 힘
- 手動(수동) : 손으로 움직임

알림마당

알맞게 연결하세요.

十 ·

千 ·

里 ·

重 ·

動 ·

· 열 십

· 마을 리

· 움직일 동

· 일천 천

· 무거울 중

낙서판

♣ 한자 밑에 뜻과 음을 쓰고, 옆 ( )에는 알맞은 부수를 쓰세요.

九
(   )

끈(   )에 앉아 있는 새(   ) 아홉 마리

力
(   )

칼(刀)을 들고 힘쓸 때 근육이 불거진 모양

男
(   )

밭(   )에서 힘(   )써 일하는 사내

勇
(   )

창(   )을 든 사내(   )가 날래고 용감하니

山
(   )

산봉우리가 뾰족하게 솟은 산의 모양

十
(   )

하나(   )같이 열 번이나 뚫으니(   )

千
(   )

끈(   )으로 열(   ) 개씩 묶어 놓은 천 개

里
(   )

해(   )가 잘 비치고 땅(   )이 좋은 마을

重
(   )

천(   ) 개의 마을(   )은 무겁고 중요하니

動
(   )

무거운(   ) 것을 힘(   )써 움직이니

♣ 숫자 순서대로 부수를 결합하여 한자를 만들고 옆에 뜻과 음을 쓰세요.

① ノ ② 乙 ③ 力 ④ 田 ⑤ マ ⑥ 男 ⑦ 山

31. ① + ② =

32. ③ =

33. ④ + ③ =

34. ⑤ + ⑥ =

35. ⑦ =

① 十 ② ノ ③ 日 ④ 土 ⑤ 千 ⑥ 里 ⑦ 重 ⑧ 力

36. ① =

37. ② + ① =

38. ③ + ④ =

39. ⑤ + ⑥ =

40. ⑦ + ⑧ =

50

九 月	九 九	人 力
自 力	男 女	男 子
勇 力	勇 士	高 山
入 山	十 日	三 千
千 里	里 長	十 里
重 力	重 大	動 力
手 動		

♣ 다음 한자어를 한자로 쓰세요.

아홉 구 　 달 월 　　　　 아홉 구 　 아홉 구 　　　　 사람 인 　 힘 력

스스로 자 　 힘 력 　　　　 사내 남 　 여자 녀 　　　　 사내 남 　 아들 자

용감할 용 　 힘 력 　　　　 용감할 용 　 선비 사 　　　　 높을 고 　 산 산

들 입 　 산 산 　　　　 열 십 　 날 일 　　　　 석 삼 　 일천 천

일천 천 　 거리 리 　　　　 마을 리 　 어른 장 　　　　 열 십 　 거리 리

무거울 중 　 힘 력 　　　　 중요할 중 　 큰 대 　　　　 움직일 동 　 힘 력

손 수 　 움직일 동

52

♣ 아래의 빈칸에 한자는 뜻과 음을, 뜻과 음은 한자를 쓰세요.

21~40번 형성평가

八	六	市	文	父
交	校	止	正	生	九
力	男	勇	山	十	千
里	重	動			

				여덟 팔	여섯 륙
시장 시	글월 문	아비 부	사귈 교	학교 교	그칠 지
바를 정	날 생	아홉 구	힘 력	사내 남	날랠 용
산 산	열 십	일천 천	마을 리	무거울 중	움직일 동

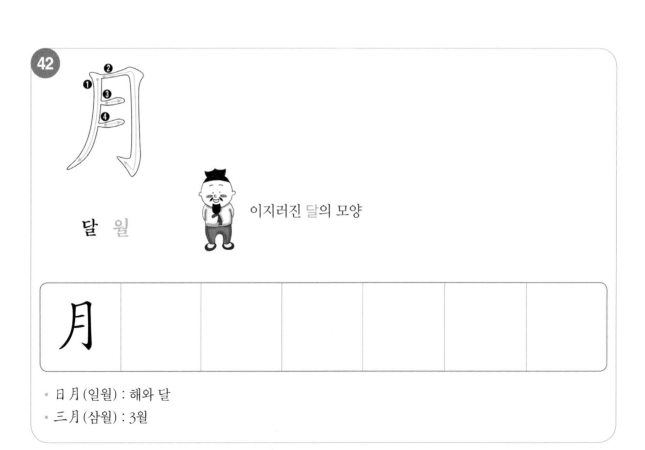

41

해
날　일

해의 모양

*해가 지고 뜨는 것에 따라 날이 바뀌니 날이라는 뜻을 나타냅니다.

日						

- 日下(일하) : 해 아래
- 日日(일일) : 날마다

42

달　월

이지러진 달의 모양

月						

- 日月(일월) : 해와 달
- 三月(삼월) : 3월

43

用

월(月) + |

달 월 / 뚫을 곤

쓸 용

달(月)을 뚫어(|) 쓰니

用

• 用水(용수) : 쓰는 물
• 日用(일용) : 날마다 씀

44

明

日 + 月

해 일 / 달 월

밝을 명

해(日)와 달(月)이 비추면 밝으니

明

• 明月(명월) : 밝은 달
• 明白(명백) : 아주 뚜렷하고 환함

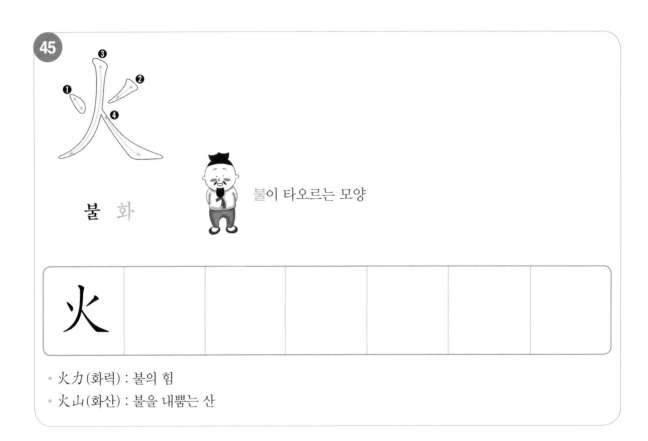

45

불 화

불이 타오르는 모양

火						

- 火力(화력) : 불의 힘
- 火山(화산) : 불을 내뿜는 산

알림마당

알맞게 연결하세요.

日 •

月 •

用 •

明 •

火 •

낙서판

• 달 월

• 쓸 용

• 날 일

• 불 화

• 밝을 명

56

46

물 수

흐르는 물의 모양

水						

- 水力(수력) : 물의 힘
- 水上(수상) : 물의 위

47

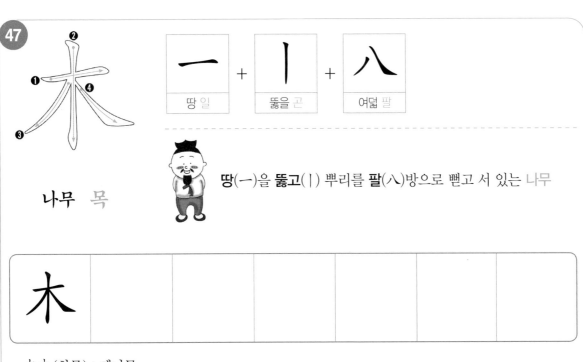

一	+	丨	+	八
땅 일		뚫을 곤		여덟 팔

나무 목

땅(一)을 **뚫고**(丨) 뿌리를 **팔**(八)방으로 뻗고 서 있는 나무

木						

- 火木(화목) : 땔나무
- 木工(목공) : 나무를 다루어 물건을 만드는 일

48

木 + 木
나무 목   나무 목

수풀 림

나무(木)와 나무(木)들로 우거진 숲

林					

• 竹林(죽림) : 대나무 숲
• 山林(산림) : 산에 있는 숲

49

木 + 人 + 人
나무 목   사람 인   사람 인

올 래

나무(木) 밑으로 **사람**(人)과 **사람**(人)들이 오니
*뜨거운 햇빛을 피해 그늘진 나무 밑으로 사람들이 온다는 뜻입니다.

來					

• 來日(내일) : 오늘의 바로 다음 날
• 來月(내월) : 이달의 바로 다음 달

50

木 + 日
나무 목 　 해 일

동녘 동

나무(木)에 해(日)가 동쪽에서 떠올라 걸친 모양
*해는 동쪽에서 떠오르죠?

東

• 東方(동방) : 동쪽
• 東西(동서) : 동쪽과 서쪽

알림마당

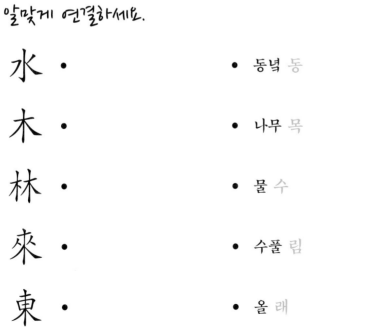

알맞게 연결하세요.

水 ·

木 ·

林 ·

來 ·

東 ·

　· 동녘 동

　· 나무 목

　· 물 수

　· 수풀 림

　· 올 래

낙서판

♣ 한자 밑에 뜻과 음을 쓰고, 옆 ( )에는 알맞은 부수를 쓰세요.

日
( )

해의 모양

月
( )

이지러진 달의 모양

用
( )

달( )을 뚫어( ) 쓰니

明
( )

해( )와 달( )이 비추면 밝으니

火
( )

불이 타오르는 모양

水
( )

흐르는 물의 모양

木
( )

땅( )을 뚫고( ) 뿌리를 팔( )방으로 뻗고 서 있는 나무

林
( )

나무( )와 나무( )들로 우거진 숲

來
( )

나무( ) 밑으로 사람( )과 사람( )들이 오니

東
( )

나무( )에 해( )가 동쪽에서 떠올라 걸친 모양

60

♣ 숫자 순서대로 부수를 결합하여 한자를 만들고 옆에 뜻과 음을 쓰세요.

① 日　② 月　③ ｜　④ 火

41. ① =

42. ② =

43. ② + ③ =

44. ① + ② =

45. ④ =

① 水　② 木　③ 人　④ 日

46. ① =

47. ② =

48. ② + ② =

49. ② + ③ + ③ =

50. ② + ④ =

日 下	日 日	日 月
三 月	用 水	日 用
明 月	明 白	火 力
火 山	水 力	水 上
火 木	木 工	竹 林
山 林	來 日	來 月
東 方	東 西	

♣ 다음 한자어를 한자로 쓰세요.

해 일 아래 하	날 일 날 일	해 일 달 월
석 삼 달 월	쓸 용 물 수	날 일 쓸 용
밝을 명 달 월	밝을 명 밝을 백	불 화 힘 력
불 화 산 산	물 수 힘 력	물 수 윗 상
불 화 나무 목	나무 목 만들 공	대 죽 수풀 림
산 산 수풀 림	올 래 날 일	올 래 달 월
동녘 동 사방 방	동녘 동 서녘 서	

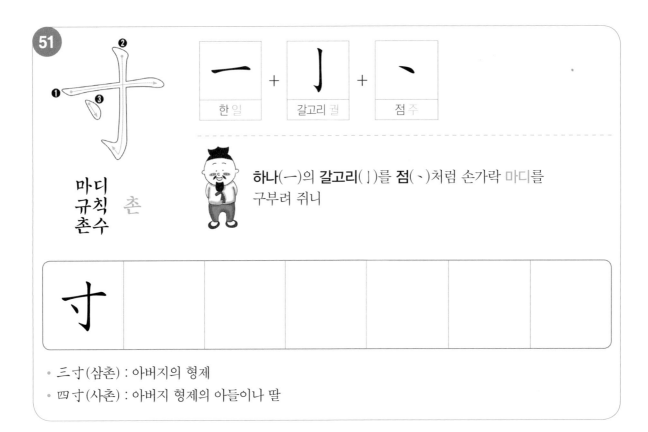

51

마디
규칙 촌
촌수

一 + 亅 + 丶
한 일 　 갈고리 궐 　 점 주

하나(一)의 **갈고리**(亅)를 **점**(丶)처럼 손가락 **마디**를
구부려 쥐니

寸

• 三寸(삼촌) : 아버지의 형제
• 四寸(사촌) : 아버지 형제의 아들이나 딸

52

마을 촌

木 + 寸
나무 목 　 규칙 촌

나무(木)를 **규칙**(寸)에 따라 심은 **마을**

村

• 村長(촌장) : 마을의 우두머리
• 山村(산촌) : 산속에 있는 마을

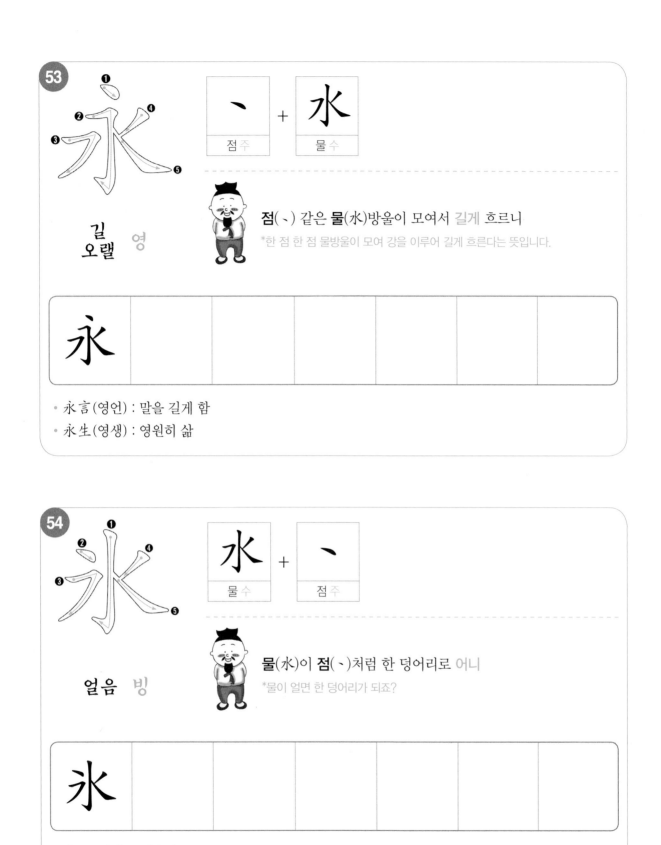

53

丶 + 水
점 주   물 수

길
오랠 영

점(丶) 같은 물(水)방울이 모여서 길게 흐르니
*한 점 한 점 물방울이 모여 강을 이루어 길게 흐른다는 뜻입니다.

永

• 永言(영언) : 말을 길게 함
• 永生(영생) : 영원히 삶

54

水 + 丶
물 수   점 주

얼음 빙

물(水)이 점(丶)처럼 한 덩어리로 어니
*물이 얼면 한 덩어리가 되죠?

氷

• 氷山(빙산) : 얼음산
• 氷水(빙수) : 얼음을 넣어서 차게 한 물

55

저녁 석

月(달 월)에서 1획을 뺀 모양으로 달이 뜨기 시작하는 저녁을 뜻함

夕						

- 夕食(석식) : 저녁밥
- 七夕(칠석) : 음력 칠월 칠일의 저녁

알림마당

알맞게 연결하세요.

낙서판

寸 •

村 •

永 •

氷 •

夕 •

• 마을 촌

• 길 영

• 마디 촌

• 저녁 석

• 얼음 빙

66

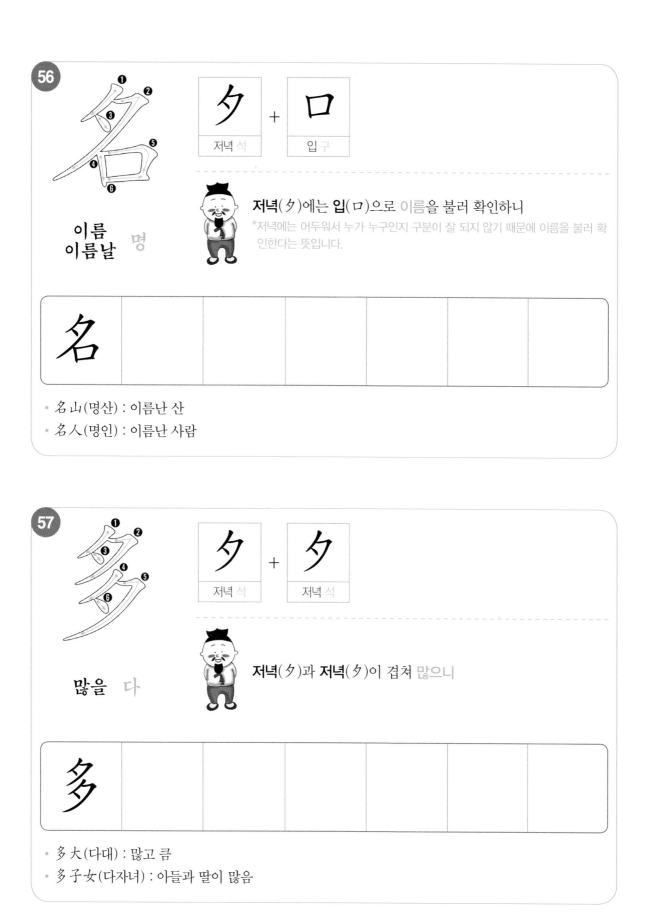

56

夕
저녁 석

+

口
입 구

이름
이름날 명

저녁(夕)에는 입(口)으로 이름을 불러 확인하니
*저녁에는 어두워서 누가 누구인지 구분이 잘 되지 않기 때문에 이름을 불러 확
 인한다는 뜻입니다.

名

- 名山(명산) : 이름난 산
- 名人(명인) : 이름난 사람

57

夕
저녁 석

+

夕
저녁 석

많을 다

저녁(夕)과 저녁(夕)이 겹쳐 많으니

多

- 多大(다대) : 많고 큼
- 多子女(다자녀) : 아들과 딸이 많음

58

外

바깥
외가 외

夕 + 卜
저녁 석   점칠 복

저녁(夕)에 별을 보고 **점치려고**(卜) 바깥에 나가니

外					

- 內外(내외) : 안과 밖
- 外三寸(외삼촌) : 어머니의 남자 형제

59

朴

성
순박할 박

木 + 卜
나무 목   점칠 복

나무(木) 옆에서 **점치는**(卜) 박씨

朴					

- 朴氏(박씨) : 성이 박씨

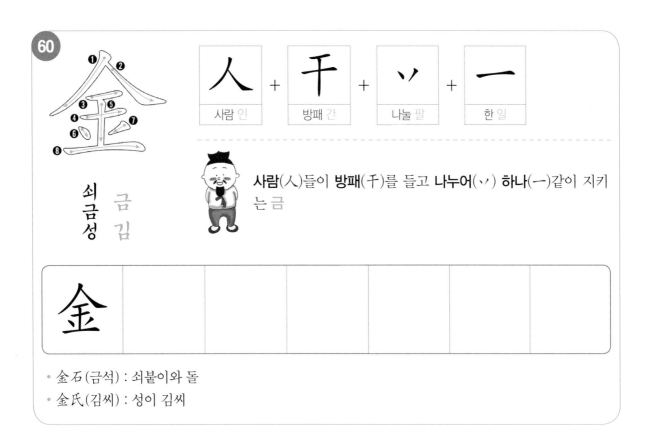

60

金

쇠 금
금 성

금
김

人	+	千	+	ヽヽ	+	一
사람 인		방패 간		나눌 팔		한 일

사람(人)들이 방패(千)를 들고 나누어(ヽヽ) 하나(一)같이 지키는 금

金					

- 金石(금석) : 쇠붙이와 돌
- 金氏(김씨) : 성이 김씨

알림마당

알맞게 연결하세요.

낙서판

名 •

多 •

外 •

朴 •

金 •

• 성 박

• 많을 다

• 쇠 금

• 이름 명

• 바깥 외

♣ 한자 밑에 뜻과 음을 쓰고, 옆 (   )에는 알맞은 부수를 쓰세요.

寸
(   )

하나(   )의 **갈고리**(   )를 **점**(   )처럼 손가락 마디를 구부려 쥐니

村
(   )

나무(   )를 **규칙**(   )에 따라 심은 마을

永
(   )

점(   ) 같은 **물**(   )방울이 모여 길게 흐르니

氷
(   )

물(   )이 **점**(   )처럼 한 덩어리로 어니

夕
(   )

月(달 월)에서 1획을 뺀 모양으로 달이 뜨기 시작하는 저녁을 뜻함

名
(   )

저녁(   )에는 **입**(   )으로 이름을 불러 확인하니

多
(   )

저녁(   )과 **저녁**(   )이 겹쳐 많으니

外
(   )

저녁(   )에 별을 보고 **점치려고**(   ) 바깥에 나가니

朴
(   )

나무(   ) 옆에서 **점치는**(   ) 박씨

金
(   )

사람(   )들이 **방패**(   )를 들고 **나누어**(   ) **하나**(   )같이 지키는 금

70

♣ 숫자 순서대로 부수를 결합하여 한자를 만들고 옆에 뜻과 음을 쓰세요.

①寸 ②木 ③、 ④水 ⑤夕

51. ① =

52. ② + ① =

53. ③ + ④ =

54. ④ + ③ =

55. ⑤ =

①夕 ②口 ③卜 ④木 ⑤人 ⑥干 ⑦丷 ⑧一

56. ① + ② =

57. ① + ① =

58. ① + ③ =

59. ④ + ③ =

60. ⑤ + ⑥ + ⑦ + ⑧ =

三 寸	四 寸	村 長
山 村	永 言	永 生
氷 山	氷 水	夕 食
七 夕	名 山	名 人
多 大	內 外	朴 氏
金 石	金 氏	

♣ 다음 한자어를 한자로 쓰세요.

석 삼   촌수 촌

넉 사   촌수 촌

마을 촌   어른 장

산 산   마을 촌

길 영   말씀 언

오랠 영   살 생

얼음 빙   산 산

얼음 빙   물 수

저녁 석   밥 식

일곱 칠   저녁 석

이름날 명   산 산

이름날 명   사람 인

많을 다   큰 대

안 내   바깥 외

성 박   성 씨

쇠 금   돌 석

성 김   성 씨

73

♣ 아래의 빈칸에 한자는 뜻과 음을, 뜻과 음은 한자를 쓰세요.

41~60번 형성평가

日	月	用	明	火
水	木	林	來	東	寸
村	永	氷	夕	名	多
外	朴	金		날 일	달 월
쓸 용	밝을 명	불 화	물 수	나무 목	수풀 림
올 래	동녘 동	마디 촌	마을 촌	길 영	얼음 빙
저녁 석	이름 명	많을 다	바깥 외	성 박	쇠 금

61

丿 갈고리 궐 + 八 나눌 팔

갈고리(丿)로 나누어(八) 작으니

작을 소

小

- 小人(소인) : 작은 사람
- 小心(소심) : 마음 씀씀이가 작음

62

小 작을 소 + 丿 끈 별

작은(小) 끈(丿)이 적으니
*나이가 적으니 젊다라는 뜻도 있습니다.

적을
젊을 소

少

- 少女(소녀) : 어린 여자아이
- 老少(노소) : 늙은이와 젊은이

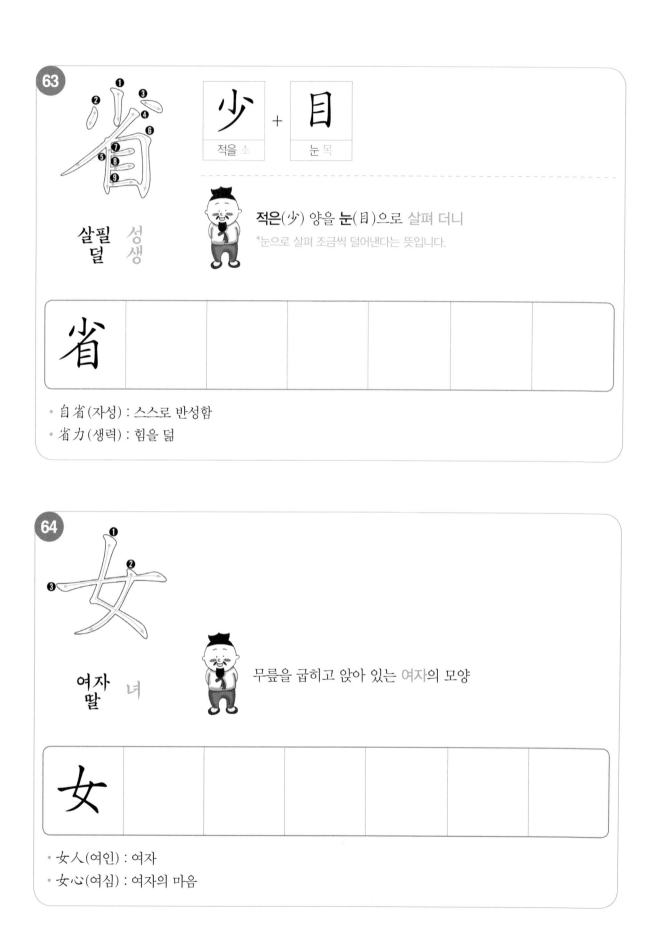

63

少 + 目
적을 소   눈 목

적은(少) 양을 눈(目)으로 살펴 더니
*눈으로 살펴 조금씩 덜어낸다는 뜻입니다.

살필
덜   성
      생

省

• 自省(자성) : 스스로 반성함
• 省力(생력) : 힘을 덞

64

무릎을 굽히고 앉아 있는 여자의 모양

여자
딸   녀

女

• 女人(여인) : 여자
• 女心(여심) : 여자의 마음

65 子

아들
사람 자

팔을 벌리고 있는 아들의 모양

子					

• 長子(장자) : 맏아들
• 子女(자녀) : 아들과 딸

알림
마당

알맞게 연결하세요.

낙서판

小 •

少 •

省 •

女 •

子 •

• 적을 소

• 작을 소

• 여자 녀

• 살필 성

• 아들 자

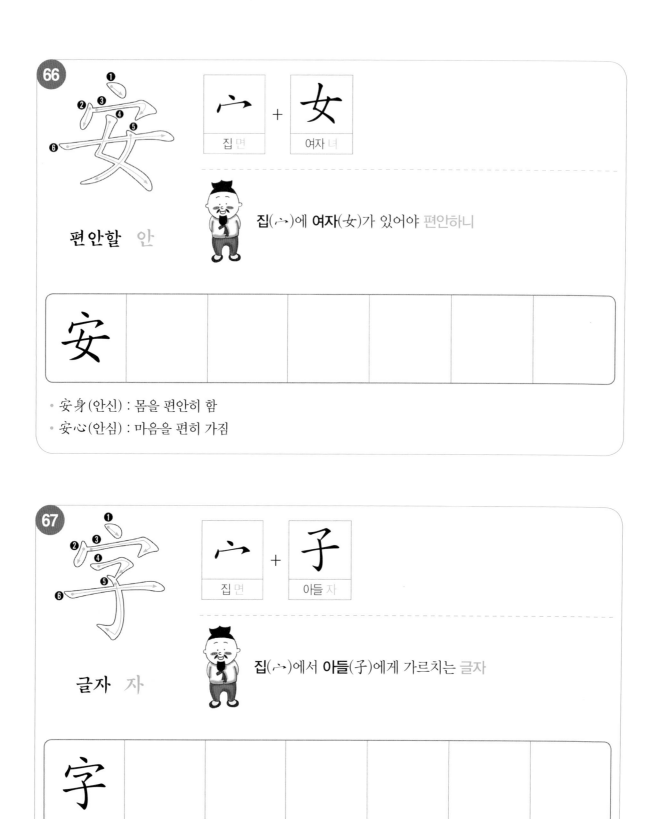

66 安

편안할 안

宀 + 女
집 면   여자 녀

집(宀)에 여자(女)가 있어야 편안하니

安					

- 安身(안신) : 몸을 편안히 함
- 安心(안심) : 마음을 편히 가짐

67 字

글자 자

宀 + 子
집 면   아들 자

집(宀)에서 아들(子)에게 가르치는 글자

字					

- 日字(일자) : 날짜
- 千字(천자) : 1,000 글자

68 家

집
전문가 가

宀 집 면 + 豕 돼지 시

집(宀)에서 **돼지**(豕)처럼 먹고 자며 연구하여 전문가가 되니

家					

• 家門(가문) : 집안
• 大家(대가) : 어떤 한 분야의 전문가

69 室

집
방 실

宀 집 면 + 至 이를 지

집(宀)에 **이르러**(至) 쉬는 방

室					

• 室內(실내) : 방의 안
• 入室(입실) : 방으로 들어감

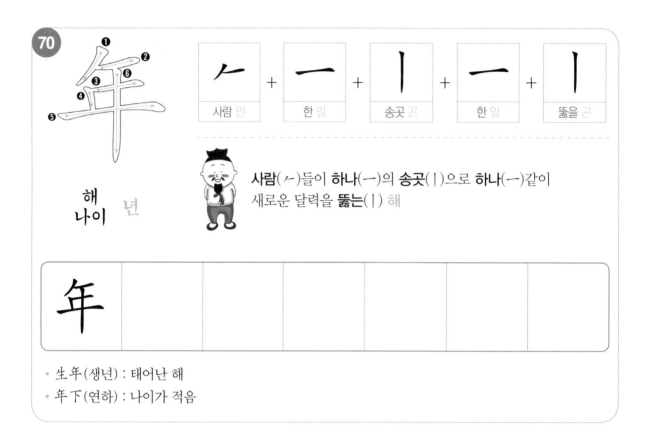

70

年

해
나이 년

ㇷ + 一 + ㅣ + 一 + ㅣ

| 사람 인 | 한 일 | 송곳 곤 | 한 일 | 뚫을 곤 |

사람(ㇷ)들이 하나(一)의 송곳(ㅣ)으로 하나(一)같이
새로운 달력을 뚫는(ㅣ) 해

年					

- 生年(생년) : 태어난 해
- 年下(연하) : 나이가 적음

알림
마당

알맞게 연결하세요.

낙서판

安 •

字 •

家 •

室 •

年 •

• 집 가

• 편안할 안

• 글자 자

• 해 년

• 방 실

80

♣ 한자 밑에 뜻과 음을 쓰고, 옆 (   )에는 알맞은 부수를 쓰세요.

小
(   )

갈고리(   )로 나누어(   ) 작으니

少
(   )

작은(   ) 끈(   )이 적으니

省
(   )

적은(   ) 양을 눈(   )으로 살펴 더니

女
(   )

무릎을 굽히고 앉아 있는 여자의 모양

子
(   )

팔을 벌리고 있는 아들의 모양

安
(   )

집(   )에 여자(   )가 있어야 편안하니

字
(   )

집(   )에서 아들(   )에게 가르치는 글자

家
(   )

집(   )에서 돼지(   )처럼 먹고 자며 연구하여 전문가가 되니

室
(   )

집(   )에 이르러(   ) 쉬는 방

年
(   )

사람(   )들이 하나(   )의 송곳(   )으로 하나(   )같이 새로운 달력을 뚫는(   ) 해

♣ 숫자 순서대로 부수를 결합하여 한자를 만들고 옆에 뜻과 음을 쓰세요.

---

① 亅　② 八　③ 小　④ 丿　⑤ 少　⑥ 目　⑦ 女　⑧ 子

61. ① + ② =

62. ③ + ④ =

63. ⑤ + ⑥ =

64. ⑦ =

65. ⑧ =

---

① 宀　② 女　③ 子　④ 豕　⑤ 至　⑥ 年

66. ① + ② =

67. ① + ③ =

68. ① + ④ =

69. ① + ⑤ =

70. ⑥ =

♣ 다음 한자어의 독음을 쓰세요.

小 人	小 心	少 女
老 少	自 省	省 力
女 人	女 心	長 子
子 女	安 身	安 心
日 字	千 字	家 門
大 家	室 內	入 室
生 年	年 下	

♣ 다음 한자어를 한자로 쓰세요.

작을 소　사람 인　　작을 소　마음 심　　젊을 소　여자 녀

늙을 로　젊을 소　　스스로 자　살필 성　　덜 생　힘 력

여자 녀　사람 인　　여자 녀　마음 심　　어른 장　아들 자

아들 자　딸 녀　　편안할 안　몸 신　　편안할 안　마음 심

날 일　글자 자　　일천 천　글자 자　　집 가　문 문

큰 대　전문가 가　　방 실　안 내　　들 입　방 실

날 생　해 년　　나이 년　아래 하

84

71

白

ノ
끈별

+

日
해일

흰
밝을 백

끈(ノ) 같은 **햇빛**(日)이 비추니 **밝고 희다**.
*해가 내쏘는 광선(햇빛)을 끈 같다고 표현한 겁니다.

白					

- 白米(백미) : 흰쌀
- 白人(백인) : 피부색이 흰 사람

72

百

一
한일

+

白
흰백

일백 백

일(一)과 **백**(白), 음만 합치면 일백이니

百					

- 百日(백일) : 100일
- 百行(백행) : 많은 행실

73

스스로 **자**

코의 모양을 본떠서 만든 글자로 스스로란 뜻을 나타냅니다.

自						

- 自生(자생) : 저절로 남
- 自動(자동) : 스스로 움직임

74

而 + 三

수염 이   석 삼

얼굴 **면**

수염(而)이 세(三) 방향으로 난 얼굴

面						

- 面目(면목) : 체면
- 面刀(면도) : 수염을 깎음

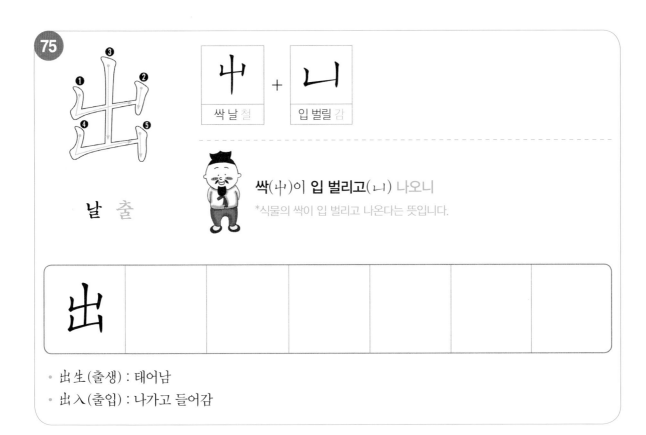

75

屮 + 凵
싹 날 철　　입 벌릴 감

날 출

싹(屮)이 **입 벌리고**(凵) 나오니
*식물의 싹이 입 벌리고 나온다는 뜻입니다.

出						

- 出生(출생) : 태어남
- 出入(출입) : 나가고 들어감

**알림
마당**

알맞게 연결하세요.

낙서판

白 ·

百 ·

自 ·

面 ·

出 ·

· 얼굴 면

· 스스로 자

· 흰 백

· 날 출

· 일백 백

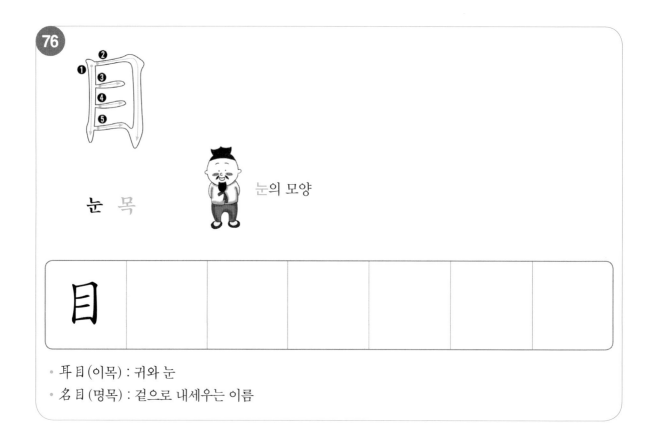

눈 목

눈의 모양

目						

- 耳目(이목) : 귀와 눈
- 名目(명목) : 겉으로 내세우는 이름

目	+	儿
눈 목		걷는 사람 인

볼
의견 견

눈(目)으로 걸어(儿) 다니며 보니

見						

- 外見(외견) : 겉으로 드러난 모양
- 高見(고견) : 뛰어난 의견

78

先

먼저 선

生 (소 우) + 儿 (걷는 사람 인)

소(生)가 앞장서 **걷는 사람**(儿)보다 **먼저** 가니

*소가 수레나 쟁기를 끌고 사람보다 앞장서 걷는다는 뜻입니다.

先					

- 先人(선인) : 전대의 사람
- 先生(선생) : 학생을 가르치는 사람

79

兄

형 형

口 (입 구) + 儿 (걷는 사람 인)

입(口)으로 말하며 **걷는 사람**(儿)은 **형**이니

*젖먹이 동생은 아직 기어 다니는데 형은 말하며 걸어 다닌다는 뜻입니다.

兄					

- 父兄(부형) : 아버지와 형
- 兄夫(형부) : 언니의 남편

80

萬

많을
일만 만
온갗

艹 + 曰 + 禸

풀 초 / 말할 왈 / 짐승 유

풀(艹)숲에 말(曰)하며 짐승(禸)들이 많이 다니니

萬

• 萬人(만인) : 많은 사람
• 萬一(만일) : 있을지도 모르는 뜻밖의 경우

알림
마당

알맞게 연결하세요.

낙서판

目 •

見 •

先 •

兄 •

萬 •

• 먼저 선

• 눈 목

• 볼 견

• 많을 만

• 형 형

90

白

( )

끈( ) 같은 **햇빛**( )이 비추니 밝고 희다.

百

( )

일( )과 **백**( ), 음만 합치면 일백이니

自

( )

코의 모양을 본떠서 만든 글자로 스스로란 뜻을 나타냅니다.

面

( )

수염( )이 세( ) 방향으로 난 얼굴

出

( )

싹( )이 **입 벌리고**( ) 나오니

目

( )

눈의 모양

見

( )

눈( )으로 **걸어**( ) 다니며 보니

先

( )

소( )가 앞장서 **걷는 사람**( )보다 먼저 가니

兄

( )

입( )으로 말하며 **걷는 사람**( )은 형이니

萬

( )

풀( )숲에 말( )하며 **짐승**( )들이 많이 다니니

91

♣ 숫자 순서대로 부수를 결합하여 한자를 만들고 옆에 뜻과 음을 쓰세요.

① ノ ② 日 ③ 一 ④ 白 ⑤ 自 ⑥ 而 ⑦ 三
⑧ 屮 ⑨ ㄴ

71. ① + ② =

72. ③ + ④ =

73. ⑤ =

74. ⑥ + ⑦ =

75. ⑧ + ⑨ =

① 目 ② 儿 ③ 生 ④ 口 ⑤ 艹 ⑥ 日 ⑦ 内

76. ① =

77. ① + ② =

78. ③ + ② =

79. ④ + ② =

80. ⑤ + ⑥ + ⑦ =

♣ 다음 한자어의 독음을 쓰세요.

白 米	白 人	百 日
百 行	自 生	自 動
面 目	面 刀	出 生
出 入	耳 目	名 目
外 見	高 見	先 人
先 生	父 兄	兄 夫
萬 人	萬 一	

♣ 다음 한자어를 한자로 쓰세요.

흰 백   쌀 미   흰 백   사람 인   일백 백   날 일

일백 백   행할 행   스스로 자   살 생   스스로 자   움직일 동

얼굴 면   눈 목   얼굴 면   칼 도   날 출   날 생

날 출   들 입   귀 이   눈 목   이름 명   눈 목

바깥 외   볼 견   높을 고   의견 견   먼저 선   사람 인

먼저 선   살 생   아비 부   형 형   형 형   사내 부

많을 만   사람 인   온갖 만   한 일

94

♣ 아래의 빈칸에 한자는 뜻과 음을, 뜻과 음은 한자를 쓰세요.

小	少	省	女	子	
安	字	家	室	年	白
百	自	面	出	目	見
先	兄	萬		작을 소	적을 소
살필 성	여자 녀	아들 자	편안할 안	글자 자	집 가
방 실	해 년	흰 백	일백 백	스스로 자	얼굴 면
날 출	눈 목	볼 견	먼저 선	형 형	많을 만

61~80번
형성평가

95

81

마음 심

심장의 모양을 본떠서 만든 글자로 마음이란 뜻을 나타냅니다.

心					

- 心中(심중) : 마음속
- 心身(심신) : 마음과 몸

82

心 + ノ

마음 심 + 삐침 별

반드시 필

마음(心)이 삐치면(ノ) 반드시 풀어야 하니

必					

- 必用(필용) : 필요하게 씀
- 必至(필지) : 앞으로 반드시 그에 이르게 됨

83

土 + ノ + ヒ
땅 토 / 비스듬할 별 / 구부릴 비

늙을 로

땅(土)에 **비스듬히**(ノ) 허리를 **구부리고**(ヒ) 있는 늙은이

老

- 老人(노인) : 늙은 사람
- 老年(노년) : 늙은 나이

84

耂 + 子
늙을 로 / 아들 자

효도 효

늙은(耂)이를 **아들**(子)이 업고 효도하니

孝

- 孝子(효자) : 효도하는 아들
- 孝心(효심) : 효성스러운 마음

85

教

가르칠
종교 교

孝 효도 효 + 攵 칠 복

효(孝)를 쳐(攵) 가르치니

教					

- 教室(교실) : 가르치는 방
- 教人(교인) : 종교를 믿는 사람

알림마당

알맞게 연결하세요.

心 •

必 •

老 •

孝 •

教 •

• 마음 심

• 반드시 필

• 늙을 로

• 효도 효

• 가르칠 교

낙서판

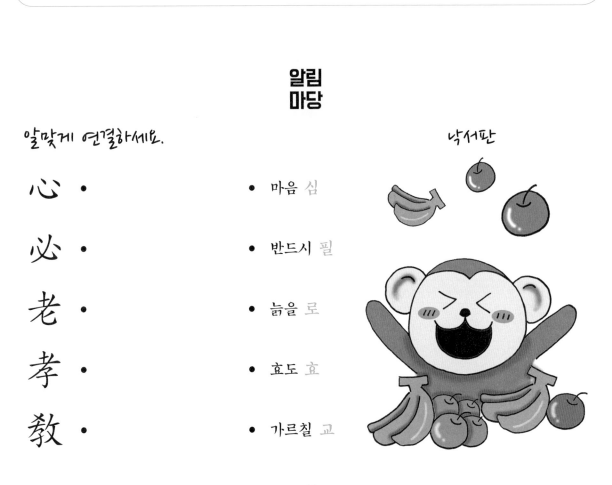

86

문 문

문짝이 두 개인 문의 모양

門						

- 水門(수문) : 물문
- 大門(대문) : 큰 문

87

門 + 一 + 廾

문 문   한 일   두 손 잡을 공

열 개

문(門) 하나(一)를 두 손으로 잡고(廾) 여니

開						

- 開門(개문) : 문을 엶
- 開校(개교) : 학교를 엶

88

門 + 口

문 문   입 구

물을 문

문(門)에 대고 **입**(口) 벌려 물으니

*문밖에서 들어가도 되느냐고 물어본다는 뜻입니다.

問					

- 自問(자문) : 자신에게 물음
- 問安(문안) : 어른께 안부를 여쭘

89

門 + 耳

문 문   귀 이

들을 문

문(門)에 **귀**(耳)를 대고 들으니

聞					

- 見聞(견문) : 보고 들음
- 多聞(다문) : 들은 것이 많음

90 間

門 + 日
문 문   해 일

사이 간

문(門)틈 사이로 햇빛(日)이 새어 들어오니

間

- 月間(월간) : 한 달 동안
- 間食(간식) : 끼니와 끼니 사이에 음식을 먹음

알림마당

알맞게 연결하세요.

門 •

開 •

問 •

聞 •

間 •

• 문 문

• 사이 간

• 들을 문

• 물을 문

• 열 개

낙서판

♣ 한자 밑에 뜻과 음을 쓰고, 옆 (   )에는 알맞은 부수를 쓰세요.

心
(   )

必
(   )

老
(   )

孝
(   )

教
(   )

門
(   )

開
(   )

問
(   )

聞
(   )

間
(   )

심장의 모양을 본떠서 만든 글자로 마음이란 뜻을 나타냅니다.

마음(   )이 삐치면(   ) 반드시 풀어야 하니

땅(   )에 비스듬히(   ) 허리를 구부리고(   ) 있는 늙은이

늙은(   )이를 아들(   )이 업고 효도하니

효(   )를 쳐(   ) 가르치니

문짝이 두 개인 문의 모양

문(   ) 하나(   )를 두 손으로 잡고(   ) 여니

문(   )에 대고 입(   ) 벌려 물으니

문(   )에 귀(   )를 대고 들으니

문(   )틈 사이로 햇빛(   )이 새어 들어오니

102

♣ 숫자 순서대로 부수를 결합하여 한자를 만들고 옆에 뜻과 음을 쓰세요.

①心 ②丿 ③老 ④少 ⑤子 ⑥孝 ⑦攵

81. ① =

82. ① + ② =

83. ③ =

84. ④ + ⑤ =

85. ⑥ + ⑦ =

①門 ②一 ③卄 ④口 ⑤耳 ⑥日

86. ① =

87. ① + ② + ③ =

88. ① + ④ =

89. ① + ⑤ =

90. ① + ⑥ =

♣ 다음 한자어의 독음을 쓰세요.

心 中	心 身	必 用
必 至	老 人	老 年
孝 子	孝 心	敎 室
敎 人	水 門	大 門
開 門	開 校	自 問
問 安	見 聞	多 聞
月 間	間 食	

♣ 다음 한자어를 한자로 쓰세요.

마음 심 　 가운데 중   마음 심 　 몸 신   반드시 필 　 쓸 용

반드시 필 　 이를 지   늙을 로 　 사람 인   늙을 로 　 나이 년

효도 효 　 아들 자   효도 효 　 마음 심   가르칠 교 　 방 실

종교 교 　 사람 인   물 수 　 문 문   큰 대 　 문 문

열 개 　 문 문   열 개 　 학교 교   스스로 자 　 물을 문

물을 문 　 편안할 안   볼 견 　 들을 문   많을 다 　 들을 문

달 월 　 사이 간   사이 간 　 먹을 식

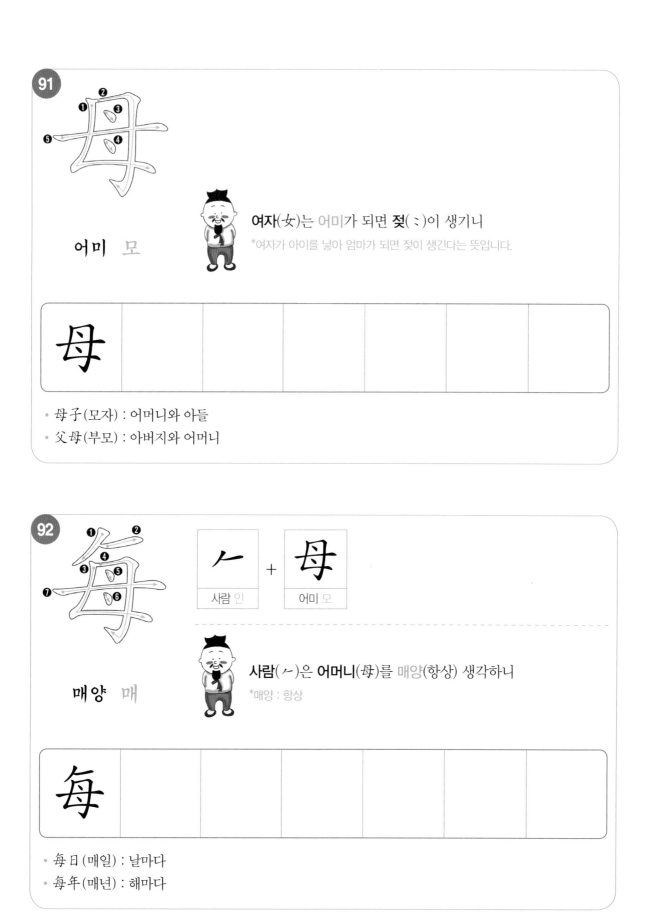

91

어미 모

여자(女)는 어미가 되면 젖(ː)이 생기니

*여자가 아이를 낳아 엄마가 되면 젖이 생긴다는 뜻입니다.

母

- 母子(모자) : 어머니와 아들
- 父母(부모) : 아버지와 어머니

92

ㆍㅡ	+	母
사람 인		어미 모

매양 매

사람(ㆍㅡ)은 어머니(母)를 매양(항상) 생각하니

*매양 : 항상

每

- 每日(매일) : 날마다
- 每年(매년) : 해마다

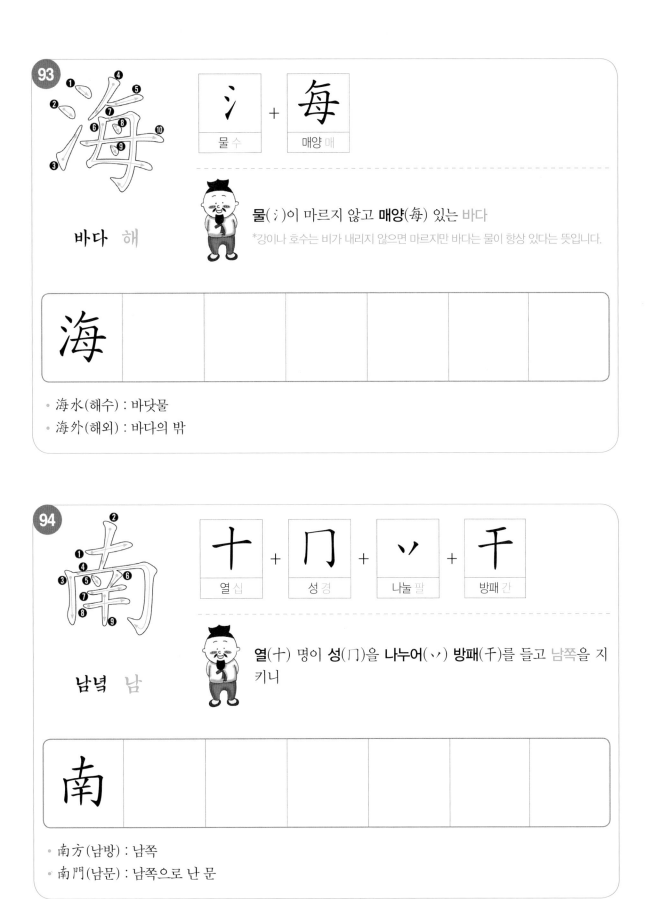

93

氵 + 每

물 수　　매양 매

바다 해

물(氵)이 마르지 않고 **매양**(每) 있는 바다

*강이나 호수는 비가 내리지 않으면 마르지만 바다는 물이 항상 있다는 뜻입니다.

海					

• 海水(해수) : 바닷물
• 海外(해외) : 바다의 밖

94

十 + 冂 + ㇕ + 干

열 십　　성 경　　나눌 팔　　방패 간

남녘 남

열(十) 명이 **성**(冂)을 **나누어**(㇕) **방패**(干)를 들고 남쪽을 지키니

南					

• 南方(남방) : 남쪽
• 南門(남문) : 남쪽으로 난 문

95

北

북녘 　북
달아날 　배

서로 **구부려**(匕) 등지고 북으로 달아나니

北					

• 北方(북방) : 북쪽
• 北上(북상) : 북쪽으로 올라감

알림마당

알맞게 연결하세요.

母 •

每 •

海 •

南 •

北 •

• 어미 모

• 바다 해

• 매양 매

• 북녘 북

• 남녘 남

낙서판

96

쉴 휴

사람(亻)이 나무(木)에 기대어 쉬니

亻 사람 인 + 木 나무 목

休

• 休日(휴일) : 쉬는 날
• 休火山(휴화산) : 옛적에는 불을 내뿜었으나 지금은 불을 내뿜지 않는 산

97

믿을 신

사람(亻)의 말(言)에 있어야 할 것은 믿음이니

亻 사람 인 + 言 말씀 언

信

• 信用(신용) : 믿고 씀
• 信心(신심) : 믿는 마음

98 弟

아우
제자 제

| 丶丶 | + | 弓 | + | ｜ | + | ノ |
| 나눌 팔 | | 활 궁 | | 뚫을 곤 | | 끈 별 |

나누어(丶丶) 활(弓)에 구멍을 **뚫고**(｜) **끈**(ノ)을 묶는 아우와 제자

弟					

- 兄弟(형제) : 형과 아우
- 弟子(제자) : 가르침을 받는 사람

99 第

차례
시험 제

| 竹 | + | 弓 | + | ｜ | + | ノ |
| 대 죽 | | 활 궁 | | 뚫을 곤 | | 끈 별 |

대(竹)로 활(弓)을 만들려고 **뚫어**(｜) **끈**(ノ)을 차례로 묶으니

*대나무를 뚫고 끈을 묶어 활을 만든다는 뜻입니다.

第					

- 第一(제일) : 첫째
- 下第(하제) : 시험에 떨어짐

100

白	爻	宀	子
절구 구	엇갈릴 효	덮을 멱	아들 자

배울
학교 학

절구(白) 같은 교실에서 **엇갈려**(爻) 무식으로 **덮인**(宀)
아들(子)이 배우니

學					

• 學生(학생) : 배우는 사람
• 學校(학교) : 학생을 가르치는 곳

알림마당

알맞게 연결하세요.

낙서판

休 ·

信 ·

弟 ·

第 ·

學 ·

· 배울 학

· 아우 제

· 믿을 신

· 차례 제

· 쉴 휴

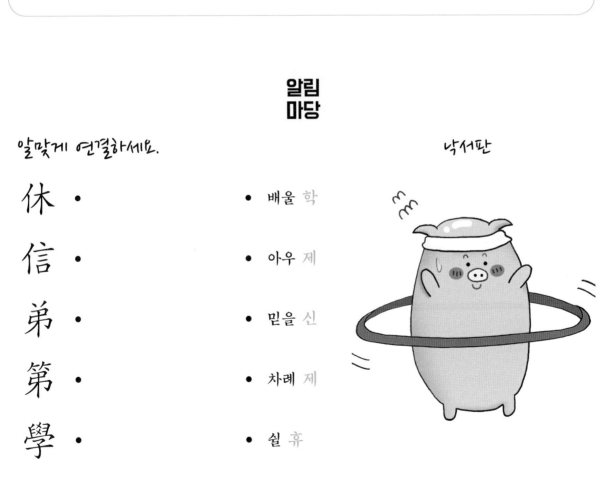

♣ 한자 밑에 뜻과 음을 쓰고, 옆 ( )에는 알맞은 부수를 쓰세요.

母
( )

毎
( )

海
( )

南
( )

北
( )

休
( )

信
( )

弟
( )

第
( )

學
( )

여자(女)는 어미가 되면 젖(ː)이 생기니

사람( )은 어머니( )를 매양(항상) 생각하니

물( )이 마르지 않고 매양( ) 있는 바다

열( ) 명이 성( )을 나누어( ) 방패( )를 들고 남쪽을
지키니

서로 구부려( ) 등지고 북으로 달아나니

사람( )이 나무( )에 기대어 쉬니

사람( )의 말( )에 있어야 할 것은 믿음이니

나누어( ) 활( )에 구멍을 뚫고( ) 끈( )을 묶는 아우와 제자

대( )로 활( )을 만들려고 뚫어( ) 끈( )을 차례로 묶으니

절구( ) 같은 교실에서 엇갈려( ) 무식으로 덮인( ) 아들
( )이 배우니

♣ 숫자 순서대로 부수를 결합하여 한자를 만들고 옆에 뜻과 음을 쓰세요.

---

① 母 ② 亠 ③ 氵 ④ 每 ⑤ 十 ⑥ 冂 ⑦ 丷
⑧ 干 ⑨ 北

---

91. ① =

92. ② + ① =

93. ③ + ④ =

94. ⑤ + ⑥ + ⑦ + ⑧ =

95. ⑨ =

---

① 亻 ② 木 ③ 言 ④ 丷 ⑤ 弓 ⑥ 丨 ⑦ 丿 ⑧ 竹
⑨ 白 ⑩ 爻 ⑪ 宀 ⑫ 子

---

96. ① + ② =

97. ① + ③ =

98. ④ + ⑤ + ⑥ + ⑦ =

99. ⑧ + ⑤ + ⑥ + ⑦ =

100. ⑨ + ⑩ + ⑪ + ⑫ =

♣ 다음 한자어의 독음을 쓰세요.

母 子	父 母	每 日
每 年	海 水	海 外
南 方	南 門	北 方
北 上	休 日	信 用
信 心	兄 弟	弟 子
第 一	下 第	學 生
學 校		

♣ 다음 한자어를 한자로 쓰세요.

_____
어미 모   아들 자

_____
아비 부   어미 모

_____
매양 매   날 일

_____
매양 매   해 년

_____
바다 해   물 수

_____
바다 해   바깥 외

_____
남녘 남   사방 방

_____
남녘 남   문 문

_____
북녘 북   사방 방

_____
북녘 북   오를 상

_____
쉴 휴   날 일

_____
믿을 신   쓸 용

_____
믿을 신   마음 심

_____
형 형   아우 제

_____
제자 제   사람 자

_____
차례 제   첫째 일

_____
내릴 하   시험 제

_____
배울 학   날 생

_____
학교 학   학교 교

♣ 아래의 빈칸에 한자는 뜻과 음을, 뜻과 음은 한자를 쓰세요.

81~100번
형성평가

心	必	老	孝	教
門	開	問	聞	間	母
每	海	南	北	休	信
弟	第	學		마음 심	반드시 필
늙을 로	효도 효	가르칠 교	문 문	열 개	물을 문
들을 문	사이 간	어미 모	매양 매	바다 해	남녘 남
북녘 북	쉴 휴	믿을 신	아우 제	차례 제	배울 학

종합 평가

뜻과 음은
한자를 쓰세요.

빈칸에 한자는
뜻과 음을

一	七	下	上	中	大
太	天	夫	手	二	三
五	四	西	工	江	入
內	土		한 일	일곱 칠	아래 하
윗 상	가운데 중	큰 대	클 태	하늘 천	사내 부
손 수	둘 이	석 삼	다섯 오	넉 사	서녘 서
만들 공	강 강	들 입	안 내	흙 토	

八	六	市	文	父	交
校	止	正	生	九	力
男	勇	山	十	千	里
重	動		여덟 팔	여섯 륙	시장 시
글월 문	아비 부	사귈 교	학교 교	그칠 지	바를 정
날 생	아홉 구	힘 력	사내 남	날랠 용	산 산
열 십	일천 천	마을 리	무거울 중	움직일 동	

日	月	用	明	火	水
木	林	來	東	寸	村
永	氷	夕	名	多	外
朴	金		날 일	달 월	쓸 용
밝을 명	불 화	물 수	나무 목	수풀 림	올 래
동녘 동	마디 촌	마을 촌	길 영	얼음 빙	저녁 석
이름 명	많을 다	바깥 외	성 박	쇠 금	

小	少	省	女	子	安
字	家	室	年	白	百
自	面	出	目	見	先
兄	萬		작을 소	적을 소	살필 성
여자 녀	아들 자	편안할 안	글자 자	집 가	방 실
해 년	흰 백	일백 백	스스로 자	얼굴 면	날 출
눈 목	볼 견	먼저 선	형 형	많을 만	

心	必	老	孝	教	門
開	問	聞	間	母	每
海	南	北	休	信	弟
第	學		마음 심	반드시 필	늙을 로
효도 효	가르칠 교	문 문	열 개	물을 문	들을 문
사이 간	어미 모	매양 매	바다 해	남녘 남	북녘 북
쉴 휴	믿을 신	아우 제	차례 제	배울 학	

한자를 나누고 자원을 쓰면서 공부하는
마법 술술한자 시리즈!

- 새로운 뜻과 새로운 모양의 마법 술술한자 부수로 이해하기 쉽게 자원 풀이를 하였습니다.

- 한자를 나누고 자원을 쓰면서 공부하면 만들어진 원리를 이해하여 쉽게 익힐 수 있습니다.

- 자원 풀이를 보면서 쓰기 연습을 하고, 모양이 비슷한 한자들을 비교하며 공부할 수 있습니다.

- 다양한 확인학습, 50자 단위의 형성평가, 끝에는 종합평가를 두어 실력을 점검할 수 있습니다.

- 풍부한 보충설명 및 다양한 형식의 평가로 개별 학습이 용이하여 선생님이 편합니다.

- 문장을 통하여 단어를 익히도록 예문을 실었으며, 8급과 7급은 한자카드를 수록하였습니다.

- **마법 술술한자 1** (새 뜻과 새 모양 부수) | 박두수 지음
- **마법 술술한자 2** (한자능력검정시험 8급) | 박두수 지음
- **마법 술술한자 3** (한자능력검정시험 7급) | 박두수 지음
- **마법 술술한자 4** (한자능력검정시험 6급) | 박두수 지음
- **마법 술술한자 5** (한자능력검정시험 5급) | 박두수 지음
- **마법 술술한자 6** (한자능력검정시험 4Ⅱ) | 박두수 지음
- **마법 술술한자 7** (한자능력검정시험 4급) | 박두수 지음
- **마법 술술한자 8** (한자능력검정시험 3Ⅱ) | 박두수 지음
- **마법 술술한자 9** (한자능력검정시험 3급) | 박두수 지음

중앙에듀북스 Joongang Edubooks Publishing Co.
중앙경제평론사 | 중앙생활사 Joongang Economy Publishing Co./Joongang Life Publishing Co.

중앙에듀북스는 폭넓은 지식교양을 함양하고 미래를 선도한다는 신념 아래 설립된 교육 · 학습서 전문 출판사로서 우리나라와 세계를 이끌고 갈 청소년들에게 꿈과 희망을 주는 책을 발간하고 있습니다.

초등 저학년 한자

초판 1쇄 발행 | 2017년 2월 17일
초판 3쇄 발행 | 2022년 2월 15일

지은이 | 박두수(DuSu Park)
펴낸이 | 최점옥(JeomOg Choi)
펴낸곳 | 중앙에듀북스(Joongang Edubooks Publishing Co.)

대   표 | 김용주
편   집 | 한옥수 · 백재운
디자인 | 박근영
마케팅 | 김희석
인터넷 | 김회승

출력 | 삼신문화   종이 | 한솔PNS   인쇄 | 삼신문화   제본 | 은정제책사

잘못된 책은 구입한 서점에서 교환해드립니다.
가격은 표지 뒷면에 있습니다.

ISBN 978-89-94465-33-3(63700)

등록 | 2008년 10월 2일 제2-4993호
주소 | ㉾ 04590 서울시 중구 다산로20길 5(신당4동 340-128) 중앙빌딩
전화 | (02)2253-4463(代) 팩스 | (02)2253-7988
홈페이지 | www.japub.co.kr 블로그 | http://blog.naver.com/japub
페이스북 | https://www.facebook.com/japub.co.kr 이메일 | japub@naver.com
♣ 중앙에듀북스는 중앙경제평론사 · 중앙생활사와 자매회사입니다.

도서주문   www.**japub**.co.kr
전화주문 : 02) 2253 - 4463

중앙에듀북스/중앙경제평론사/중앙생활사에서는 여러분의 소중한 원고를 기다리고 있습니다. 원고 투고는 이메일을 이용해주세요. 최선을 다해 독자들에게 사랑받는 양서로 만들어드리겠습니다. **이메일** | japub@naver.com